SAXOFONE
fácil

MÉTODO PRÁTICO PARA PRINCIPIANTES

Marco Túlio

COORDENAÇÃO

Celso Woltzenlogel

Nº Cat.: 425-M

Irmãos Vitale S.A. Indústria e Comércio
www.vitale.com.br
Rua França Pinto, 42 Vila Mariana São Paulo SP
CEP: 04016-000 Tel.: 11 5081-9499 Fax: 11 5574-7388

© Copyright 2013 by Irmãos Vitale S.A. Ind. e Com. - São Paulo - Brasil
Todos os direitos autorais reservados para todos os países. *All rights reserved.*

CRÉDITOS

Revisão Geral e Produção Musical
Celso Woltzenlogel

Editoração Eletrônica e Formatação Musical
Marco Túlio de Paula Pinto

Diagramação
Eduardo Wahrhaftig

Fotos
Márcio Ramos

Coordenação Editorial
Roberto Votta

Produção Executiva
Fernando Vitale

CRÉDITOS DO CD
Gravado por Rodrigo de Castro Lopes no Estúdio Verde - RJ
Saxofone: Marco Túlio de Paula Pinto
Arranjos Automatizados: Marco Túlio de Paula Pinto
Masterização: Rodrigo de Castro Lopes

CIP-BRASIL. CATALOGAÇÃO NA FONTE
SINDICATO NACIONAL DOS EDITORES DE LIVROS - RJ.

P727s

    Pinto, Marco Túlio de Paula, 1965-
      Saxofone fácil: método prático para principiantes / Marco Túlio de Paula Pinto. - 1. ed. - São Paulo : Irmãos Vitale, 2014.
    60 p. ; 30 cm.

    Inclui índice
    Acompanhado de CD
    Introdução, nota biográfica
    ISBN 978-85-7407-424-5

    1. Saxofone - Instrução e estudo. 2. Saxofone - Métodos. 3. Partituras. I. Título.

14-11322
                                        CDD: 788.7
                                        CDU: 780.643.2

14/04/2014   24/04/2014

ÍNDICE

Sobre o autor	7
Introdução	8
Primeira Parte	
Apresentando os saxofones	9
Conhecendo seu instrumento	10
Respiração, um assunto fundamental	11
Emitindo os primeiros sons	13
Articulação	14
Segunda parte	
Tocando com o instrumento completo	16
Lições	18
Revisão das tonalidades apresentadas e exercícios de mecanismo	48
Terceira parte	
O Cisne	53
Siciliano	54
Lua Branca	55
Flor Amorosa	56
Brejeiro	57
Gaúcho	58
Três Apitos	59
Quadro com as digitações do saxofone	60

ÍNDICE DO CD

Faixa 01 - Sons emitidos pelo tudel no saxofone alto e no saxofone tenor
Faixa 02 - Nota para afinação
Faixa 03 - Lição 1 – exercício 1
Faixa 04 - Lição 1 – exercício 1 (playback)
Faixa 05 - Lição 1 – exercício 2
Faixa 06 - Lição 1 – exercício 2 (playback)
Faixa 07 - Lição 1 – exercício 3
Faixa 08 - Lição 1 – exercício 3 (playback)
Faixa 09 - Lição 1 – exercício 4
Faixa 10 - Lição 1 – exercício 4 (playback)
Faixa 11 - Lição 1 – exercício 5
Faixa 12 - Lição 1 – exercício 5 (playback)
Faixa 13 - Lição 1 – exercício 6
Faixa 14 - Lição 1 – exercício 6 (playback)
Faixa 15 - Lição 1 – exercício 7
Faixa 16 - Lição 1 – exercício 7 (playback)
Faixa 17 - Lição 1 – exercício 8
Faixa 18 - Lição 1 – exercício 8 (playback)
Faixa 19 - Lição 2 – exercício 1
Faixa 20 - Lição 2 – exercício 1 (playback)
Faixa 21 - Lição 2 – exercício 2
Faixa 22 - Lição 2 – exercício 2 (playback)
Faixa 23 - Lição 2 – exercício 3
Faixa 24 - Lição 2 – exercício 3 (playback)
Faixa 25 - Lição 2 – exercício 4
Faixa 26 - Lição 2 – exercício 4 (playback)
Faixa 27 - Lição 2 – exercício 5
Faixa 28 - Lição 2 – exercício 5 (playback)
Faixa 29 - Lição 2 – exercício 6
Faixa 30 - Lição 2 – exercício 6 (playback)
Faixa 31 - Lição 2 – exercício 7
Faixa 32 - Lição 2 – exercício 7 (playback)
Faixa 33 - Lição 3 – exercício 6
Faixa 34 - Lição 3 – exercício 6 (playback)
Faixa 35 - Lição 3 – exercício 7 – Fui no Tororó
Faixa 36 - Lição 3 – exercício 7 – Fui no Tororó (playback)
Faixa 37 - Lição 4 – exercício 4 – Ciranda, Cirandinha
Faixa 38 - Lição 4 – exercício 4 – Ciranda, Cirandinha (playback)
Faixa 39 - Lição 4 – exercício 5 – Brilha, Brilha, Estrelinha!
Faixa 40 - Lição 4 – exercício 5 – Brilha, Brilha, Estrelinha ! (playback)
Faixa 41 - Lição 5 – exercício 2
Faixa 42 - Lição 5 – exercício 2 (playback)

Faixa 43 - Lição 5 – exercício 3
Faixa 44 - Lição 5 – exercício 3 (playback)
Faixa 45 - Lição 5 – exercício 5
Faixa 46 - Lição 5 – exercício 5 (playback)
Faixa 47 - Lição 6 – exercício 2
Faixa 48 - Lição 6 – exercício 2 (playback)
Faixa 49 - Lição 6 – exercício 5 – Jingle Bells
Faixa 50 - Lição 6 – exercício 5 – Jingle Bells (playback)
Faixa 51 - Lição 7 – exercício 2
Faixa 52 - Lição 7 – exercício 2 (playback)
Faixa 53 - Lição 7 – exercício 3
Faixa 54 - Lição 7 – exercício 3 (playback)
Faixa 55 - Lição 8 – exercício 4
Faixa 56 - Lição 8 – exercício 4 (playback)
Faixa 57 - Lição 9 – exercício 1
Faixa 58 - Lição 9 – exercício 1 (playback)
Faixa 59 - Lição 9 – exercício 2 – Marcha, Soldado!
Faixa 60 - Lição 9 – exercício 2 – Marcha, Soldado! (playback)
Faixa 61 - Lição 9 – exercício 3 – Eu Sou Pobre, Pobre
Faixa 62 - Lição 9 – exercício 3 – Eu Sou Pobre, Pobre (playback)
Faixa 63 - Lição 9 – exercício 4 – When the Saints Go Marching In
Faixa 64 - Lição 9 – exercício 4 – When the Saints Go Marching In (playback)
Faixa 65 - Lição 10 – exercício 6 – Ah, Eu Entrei na Roda
Faixa 66 - Lição 10 – exercício 6 – Ah, Eu Entrei na Roda (playback)
Faixa 67 - Lição 11 – exercício 3 – Cantate Domino
Faixa 68 - Lição 11 – exercício 3 – Cantate Domino (playback)
Faixa 69 - Lição 13 – exercício 3 – Greensleeves
Faixa 70 - Lição 13 – exercício 3 – Greensleeves (playback)
Faixa 71 - Lição 15 – exercício 2
Faixa 72 - Lição 15 – exercício 2 (playback)
Faixa 73 - Lição 15 – exercício 4 – Pirulito que Bate, Bate
Faixa 74 - Lição 15 – exercício 4 – Pirulito que Bate, Bate (playback saxofone 1)
Faixa 75 - Lição 15 – exercício 4 – Pirulito que Bate, Bate (playback saxofone 2)
Faixa 76 - Lição 17 – exercício 4 – Amazing Grace
Faixa 77 - Lição 17 – exercício 4 – Amazing Grace (playback)
Faixa 78 - Lição 18 – exercício 3
Faixa 79 - Lição 18 – exercício 3 (playback)
Faixa 80 - Lição 18 – exercício 5
Faixa 81 - Lição 18 – exercício 5 (playback)
Faixa 82 - Lição 19 – exercício 4 – A Cantiga de Roda
Faixa 83 - Lição 19 – exercício 4 – A Cantiga de Roda (playback)
Faixa 84 - Lição 19 – exercício 5 – Se a Perpétua Cheirasse
Faixa 85 - Lição 19 – exercício 5 – Se a Perpétua Cheirasse (playback)
Faixa 86 - Lição 20 – exercício 3

Faixa 87 - Lição 20 – exercício 3 (playback)
Faixa 88 - Lição 21 – exercício 5 – Oh, Susannah!
Faixa 89 - Lição 21 – exercício 5 – Oh, Susannah! (playback)
Faixa 90 - Lição 22 – exercício 7
Faixa 91 - Lição 22 – exercício 7 (playback)
Faixa 92 - Lição 25 – exercício 2
Faixa 93 - Licao 25 – exercício 2 (playback)
Faixa 94 - Liçao 25 – exercício 3
Faixa 95 - Liçao 25 – exercício 3 (playback)
Faixa 96 - Lição 26 – exercício 1
Faixa 97 - Lição 26 – exercício 1 (playback)
Faixa 98 - Lição 26 – exercício 3
Faixa 99 - Lição 26 – exercício 3 (playback)

SOBRE O AUTOR

MARCO TÚLIO DE PAULA PINTO – Doutor em música (Teoria e prática da interpretação) e Mestre em música (Práticas interpretativas) pela Universidade Federal do Estado do Rio de Janeiro (UNIRIO). Bacharel em saxofone pela UFRJ. Professor adjunto de saxofone na UNIRIO. Atuou como professor de saxofone no PIM – Programa Integração pela Música, de Vassouras, RJ e no projeto Villa-Lobos e as Crianças. Integra ainda a Banda Filarmônica do Rio de Janeiro.

Participou da Banda Sinfônica da Companhia Siderúrgica Nacional como 1º Saxofonista e chefe de naipe, no período de 1996 a 2001, atuando diversas vezes como solista. Na música erudita trabalhou em duo com a pianista Helen Rodrigues em projetos como os Domingos Clássicos dos SESC´s, Quartas Clássicas na UERJ, entre outros. Foi um dos vencedores do concurso para solistas da ORSEM para a temporada 2000.

Foi o vencedor da *master class* de saxofone ministrada pelo professor Dale Underwood (EUA), promovida pela Academia Nacional de Música, em 2001. Apresentou-se como solista junto à OSPA – Orquestra Sinfônica de Porto Alegre.

Atuou como professor de saxofone nas edições de 2007 a 2014 do Festival do Vale do Café, em Vassouras-RJ, dos 1º, 2º e 3º e 4º Fóruns de Música, Cidadania e Educação de Vassouras, promovido pelo PIM em 2009, 2010, 2011, 2012 e 2013, e do Projeto Banda Larga, edições 2009, 2010, 2011 e 2013, promovido pela Secretaria de Cultura do Estado do Rio de Janeiro em conjunto com a ASBAM – Associação das Bandas de Música do Rio de Janeiro. Ministrou ainda *master class* na *Fordham High School for the Arts*, em fevereiro de 2010, na cidade de Nova York (EUA). Atuou como palestrante no V Encontro Internacional de Saxofonistas do Conservatório de Tatuí, realizado em 2012.

Integrou o duo *Chronos* com o pianista Alexandre Freitas, em trabalho de divulgação da música brasileira em importantes séries realizadas em espaços como Salão Dourado da UFRJ Sala Vera Janocopolus (UNIRIO), Centro Cultural de São Paulo, IBAM, Teatro Pró-Música de Juiz de Fora, Festival do Vale do Café 2006, FINEP, entre outros.

Na música popular apresentou-se com os mais diversos artistas: Flávio Venturini, Jorge Vercilo, Bob Mintzer, Altamiro Carrilho, Nivaldo Ornelas, Gilson Peranzzetta, Perinho Santana, Paulo Moura, Jane Duboc, Beth Carvalho, Nana Caymmi, Ivan Lins, Guilherme Arantes e Chico César. Integrou a Banda de Luiz Melodia em 2001 e 2002, tendo participado da gravação do CD/DVD *Luiz Melodia Ao Vivo Convida*. Participou ainda da UFR*Jazz Ensemble*, com a qual gravou os CD´s UFR*Jazz Ensemble interpreta Julinho Barbosa* e *Paisagens do Rio*.

INTRODUÇÃO

O presente trabalho foi desenvolvido a partir de convite do Prof. Celso Woltzenlogel, cujo método Flauta Fácil se apresenta como uma ferramenta preciosa para o aprendizado da flauta transversal de uma maneira simples e agradável. Portanto, a mesma filosofia é a aplicada em relação ao saxofone, ou seja, apresentar os primeiros passos no instrumento em uma linguagem acessível, fazendo que o estudo aconteça de uma forma natural e lúdica.

O trabalho está dividido em 3 partes. Na primeira, é feita a apresentação da família dos saxofones e a descrição do instrumento e suas partes. São apresentados também os fundamentos básicos para tocar corretamente: respiração, postura, embocadura e articulação. Na segunda e principal parte estão os exercícios, agrupados em lições graduais. Paralelamente, são apresentados elementos da notação musical de maneira gradativa, na medida em que forem necessários para a transmissão do conteúdo didático.

Por fim, na terceira parte há uma pequena coleção de obras, estabelecendo um repertório básico. Acompanha um CD, que poderá ser utilizado como referência sonora e importante auxílio no estudo do instrumento. Os trechos escolhidos serão indicados no texto através do ícone e o número das faixas correspondentes. No CD, cada exemplo será apresentado duas vezes. A primeira traz o som do saxofone gravado e a segunda apenas o acompanhamento, deixando a prática mais dinâmica e lúdica. Cada faixa será precedida de uma contagem (cliques), estabelecendo o andamento. O CD foi gravado nas tonalidades dos saxofones em Mi bemol (alto e barítono). Para tocar os exemplos em saxofones em Si bemol (soprano e tenor), ou outros instrumentos, é necessária a transposição.

Esperamos que este livro contribua para a formação de instrumentistas e seja uma fonte de informações para a prática do saxofone, um instrumento que, apesar de sua popularidade, carece de material didático.

Primeira parte
APRESENTANDO OS SAXOFONES

O saxofone é um dos instrumentos musicais mais conhecidos na música ocidental. Ao contrário da maioria dos instrumentos, que são frutos de longos processos de transformações e adaptações, o saxofone foi inventado pelo belga Adolphe Sax (1814-1894) por volta de 1842, vindo daí o seu nome. Na realidade, o instrumento vem da junção de muitos conceitos. É construído num tubo de metal. Apesar da seção de sopros de alguns grupos de música *pop*, formada geralmente por trompete, trombone e saxofone ser comumente conhecida como naipe de metais, o saxofone é classificado na família das madeiras, já que seu sistema de produção de som é semelhante a essas. O saxofone utiliza um conjunto de palheta simples e boquilha similar ao da clarineta. Seu tubo, entretanto, é cônico, como o de um oboé. Esta mistura de conceitos resulta num instrumento muito versátil, que une a energia sonora dos metais e a agilidade das madeiras.

Sax idealizou duas famílias completas de saxofones, uma para utilização em orquestras sinfônicas e outra para o uso em bandas militares.

FAMÍLIA ORQUESTRAL	FAMÍLIA PARA BANDAS MILITARES
Sopranino em Fá	Sopranino em Mi bemol
Soprano em Dó	Soprano em Si bemol
Alto em Fá	Alto em Mi bemol
Tenor em Dó	Tenor em Si bemol
Barítono em Fá	Barítono em Mi bemol
Baixo em Dó	Baixo em Si bemol
Contrabaixo em Fá	Contrabaixo em Mi bemol

Quando o saxofone foi inventado, a orquestra sinfônica já tinha alcançado o formato no qual a conhecemos hoje em dia, de forma que o instrumento nunca conquistou um lugar definitivo nesse grupo musical, apesar de algumas obras bastante conhecidas, como o *Bolero*, de Ravel, *L'Arlésienne*, de Bizet, *Rhapsody in Blue*, de Gershwin e *Quadros de uma exposição*, de Mussorgsky (Orquestração de Ravel), apresentarem belas passagens para saxofone. Na música brasileira, Heitor Villa-Lobos utilizou consideravelmente o instrumento em suas obras orquestrais.

Figura 1 - Saxofones mais utilizados na atualidade

Por outro lado, o saxofone conquistou um lugar de absoluto destaque na música popular e no *jazz*. Sua aparente simplicidade conferiu-lhe a fama equivocada de instrumento "fácil de tocar", o que contribuiu para sua popularidade. Além do *jazz*, o instrumento tem uma grande utilização no choro, no samba, no frevo, na bossa-nova, no *rock*, na *soul music*, etc.

Das duas grandes famílias idealizadas muitos instrumentos caíram em desuso. Outros jamais chegaram a ser construídos. A facilidade de serem tocados em praticamente todas as tonalidades, aliada à melhor qualidade sonora dos instrumentos afinados em Mi bemol e Si bemol, fez com que a família orquestral se tornasse obsoleta, apesar do sucesso nos anos 1920 do tenor em Dó, também conhecido como *C-Melody*.

Da família de instrumentos em Mi bemol e Si bemol encontram-se em uso regular o soprano, o alto, o tenor e o barítono (Figura 1). Entre estes, pode-se se dizer que o alto e o tenor são considerados os membros mais importantes, com um repertório mais consolidado. Entretanto, desde os anos 1980, o soprano vem obtendo uma crescente popularidade, decorrente do sucesso comercial de artistas como Jay Beckenstein (do grupo Spyro Gyra), Grover Washington Jr. e , sobretudo, Kenny G. O barítono tem seu espaço reservado em conjuntos maiores, como bandas sinfônicas, orquestras de *jazz* e também no quarteto de saxofones.

CONHECENDO SEU INSTRUMENTO

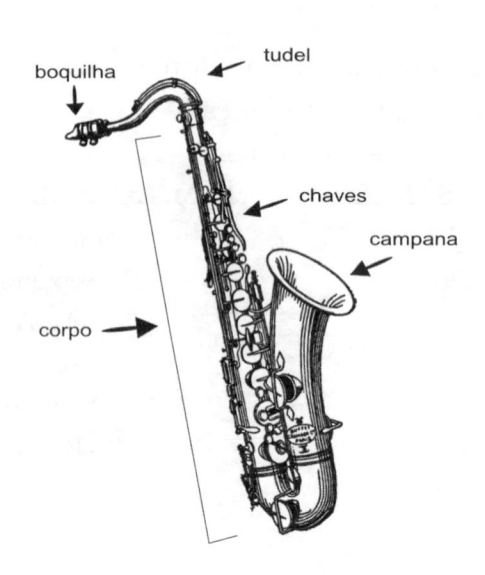

Figura 2 - Partes do saxofone

Antes de mais nada, é preciso conhecer seu instrumento e seus componentes. O saxofone é construído num tubo cônico de metal, que normalmente é dividido em duas partes, o corpo e o tudel, ao qual se conecta o conjunto de boquilha e palheta (Figuras 2, 3, 4 e 5). Entretanto, alguns saxofones sopranos não possuem o tudel, ou seja, são construídos em um tubo inteiriço. O saxofone é um instrumento frágil. Portanto, deve ser manuseado com delicadeza.

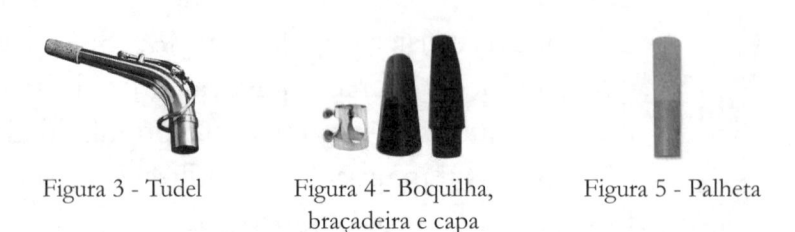

Figura 3 - Tudel   Figura 4 - Boquilha, braçadeira e capa   Figura 5 - Palheta

Atenção especial deve ser dada ao manejo das palhetas, que são feitas de cana e, portanto, muito sensíveis. Evite tocá-las em sua parte superior, que é extremamente frágil. Hoje em dia existem palhetas sintéticas, que são mais resistentes e duradouras, mas a qualidade sonora das tradicionais é muito melhor.

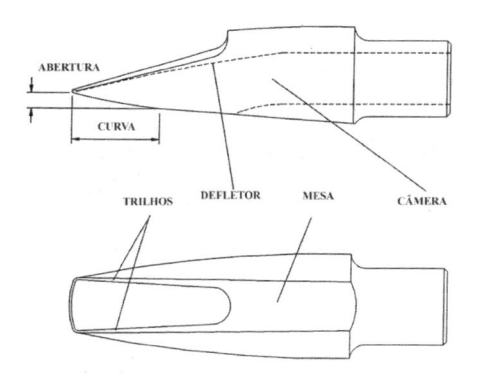

A extremidade do tudel é revestida com cortiça, que deve ser lubrificada com graxas adquiridas em lojas de artigos musicais. Se não encontrar na sua cidade, protetores labiais, à base de manteiga de cacau podem ser utilizados. Ao montar seu instrumento evite segurá-lo pelas chaves, evitando assim qualquer empenamento. A campana do saxofone tem uma área bastante grande que fornece o apoio necessário para uma montagem segura.

Figura 6 - Elementos da boquilha

A palheta deve ser ajustada na boquilha, coincidindo com seus trilhos (Figura 6), sendo presa pela braçadeira. Para evitar danos à palheta, é aconselhável montar primeiramente a boquilha e a braçadeira, encaixando a palheta por trás, a partir de sua base (Figura 7).

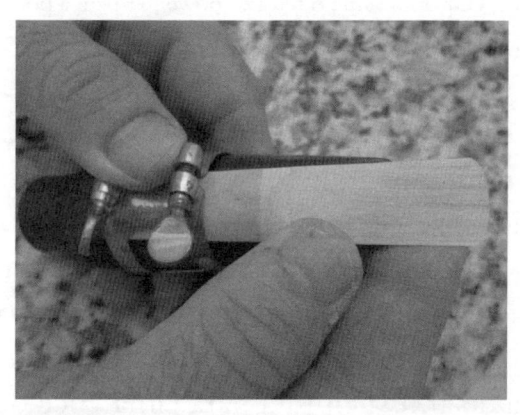

Figura 7 - Maneira correta de colocar a palheta

RESPIRAÇÃO, UM ASSUNTO FUNDAMENTAL

Antes de começar a produzir os primeiros sons, é necessário tratar de um dos assuntos mais importantes para os instrumentistas de sopro: a respiração. O som no saxofone é produzido a partir da vibração obtida através do atrito do ar passando entre a palheta e a abertura da boquilha. A qualidade do som obtido depende diretamente da pressão do ar que põe a palheta em movimento. Infelizmente, muitos instrumentistas não se dão conta da importância deste detalhe. Enquanto lê este texto, você está respirando continuamente, sem precisar se concentrar no trabalho desenvolvido pelo sistema respiratório. Em alguma região do seu cérebro está armazenada a informação para o controle dos músculos envolvidos no procedimento, sem que seja necessária qualquer concentração ou racionalização, embora você seja capaz de suspender o processo voluntariamente (prender a respiração).

Entretanto, a partir do momento em que alguém decide usar o ar contido nos pulmões para pôr em movimento um sistema vibratório, é necessário que o ar expelido dos pulmões tenha uma pressão constante. É isto que vai garantir uma boa qualidade de som.

Normalmente, quando se pede a uma pessoa para que respire fundo, esta estufará o peito. No entanto, este procedimento não é o mais adequado para o uso com instrumentos de sopro. Quando tocamos, usamos um tipo de respiração que é geralmente conhecida como diafragmática, mas que na realidade envolve vários músculos, sobretudo os da região abdominal.

Respiração é um assunto complexo, sobre o qual não há consenso, com diversas teorias sobre sua utilização, muitas vezes conflitantes. Em vez de entrar numa discussão que excede os objetivos práticos deste método, vamos nos concentrar em um exercício simples que auxiliará no aprendizado do procedimento para uma correta emissão do som.

Exercício para a respiração
1. Fique de pé, em uma posição confortável, sem tensão nos braços e pescoço.
2. Inspire lentamente, sentindo primeiramente o crescimento do ventre e por último a expansão da caixa torácica.
3. Segure a respiração por 2 segundos.
4. Expire colocando a língua entre os dentes produzindo um som sibilado (tsss....) até expulsar todo o ar(ou quase) contido nos pulmões, enquanto sente o retorno do ventre para a posição inicial de repouso.
5. Descanse um pouco e repita o processo.

É importante praticar este exercício para interiorizar o processo de respiração. Mais importante ainda é aplicar o procedimento sempre que for tocar seu instrumento. De nada adianta saber a técnica correta de respiração, se ela não for utilizada no momento da execução. Outro detalhe a ser observado é a postura. Quando se toca de pé geralmente não há problemas. Basta tocar com o corpo ereto e os pés ligeiramente afastados, proporcionando uma boa base. Ao tocar sentado, deve-se evitar encostar na cadeira. Sentar afastado do encosto garante uma maior sustentação da coluna de ar. Da cintura para cima você deve adotar a mesma postura que adotaria se estivesse de pé. Os saxofones maiores, como o tenor e o barítono devem ser apoiados no lado externo da perna direita. O saxofone alto deve ser posicionado entre as pernas. Devido às suas menores dimensões, tocar este instrumento lateralmente contrai excessivamente a musculatura intercostal (Figuras 8 e 9).

Figura 8 - Tocando saxofone alto sentado

Figura 9 - Tocando saxofone tenor sentado

EMITINDO OS PRIMEIROS SONS

É hora de produzir os primeiros sons no saxofone. Nesta fase podemos usar apenas o tudel e a boquilha. Uma vez presa a palheta na boquilha, com a braçadeira, introduza o conjunto na boca. Os dentes incisivos superiores devem tocar a parte superior da boquilha. Damos a este procedimento de ajuste à boquilha/palheta o nome de embocadura. Em métodos mais antigos provavelmente você encontrará orientação para dobrar o lábio superior sobre os dentes, mas esta prática, além de ser dolorosa, proporciona uma menor estabilidade. O lábio inferior, sim, deve ser dobrado por cima dos dentes e apoiar levemente a boquilha. Alguns músicos defendem um outro posicionamento do lábio inferior, dobrado ligeiramente para fora, conhecido como *lip out* (literalmente, lábio para fora, em inglês). Entretanto, este tipo de embocadura dá uma menor sustentação e um menor controle do som, não sendo, portanto, recomendado. As figuras 10, 11 e 12 ilustram os tipos de embocadura.

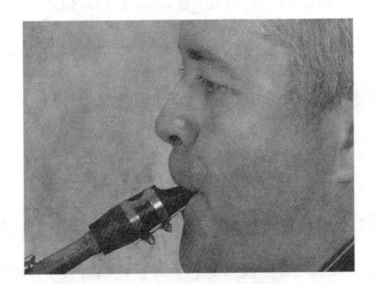

Figura 10 - Embocadura dupla (NÃO RECOMENDADA)

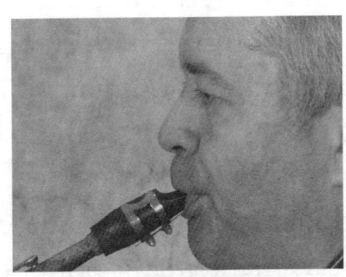

Figura 11 - Embocadura *lip out* (NÃO RECOMENDADA)

Figura 12 - Apoiando o dente superior na boquilha (RECOMENDADA)

Uma vez conhecidos os fundamentos da embocadura, é hora de produzir os primeiros sons. Introduza a boquilha na boca. É difícil definir o quanto de boquilha deve ser introduzido, uma vez que as pessoas têm diferentes formatos de rosto e de tamanho de mandíbula. Normalmente, o lábio inferior deve tocar a palheta no ponto em que esta se conecta com a mesa da boquilha, mas encontrar este ponto ideal é uma questão de tentativa e erro.

Com a boquilha na boca, inspire e sopre lentamente, lembrando de usar a técnica de respiração descrita no exercício anterior. No início você terá dificuldade em manter um som estável. Em alguns casos pode ser até que não consiga emitir som algum. Não desista! Continue tentando e em breve conseguirá um som agradável. Na faixa 1 do CD você ouvirá, em sequência, o som produzido pelo tudel de um saxofone alto e de um saxofone tenor.

Ao soprar cuide para não inflar as bochechas. Além de ser esteticamente deselegante, desvia o foco principal da coluna de ar, que deve utilizar o diafragma e a musculatura abdominal (Figuras 13 e 14).

Figura 13 - Musculatura facial incorreta (bochecha inflada)

Figura 14 - Musculatura facial correta

ARTICULAÇÃO

Damos o nome de articulação ao procedimento utilizado para iniciar um som ou separá-lo de outro. Esta tarefa é realizada com a língua. No jargão musical, você verá muitas vezes, referindo-se ao início do som, termos como golpe de língua e ataque. Apesar de serem termos válidos e consagrados pelo uso, deve-se ter cuidado, porque muitas vezes eles podem inconscientemente conter um significado muito agressivo. Um golpe lembra uma pancada, com um porrete ou mesmo com as mãos. Ataque também pode conter uma carga de agressividade. Acredito que esta é uma das razões porque muitos saxofonistas usam a língua de maneira excessivamente percussiva e agressiva. Fica grosseiro e pesado. É muito melhor pensar em termos como início da nota, ou pronúncia.

Você deve ter lido em outros métodos que para iniciar o som deve utilizar a língua como se estivesse pronunciando "te-te-te" ou "tu-tu-tu". Isto é correto, mas você deve se lembrar de realizar o procedimento de uma maneira leve e fluída. A língua não joga ar para dentro do instrumento. Sua função, repetimos, é separar um som do outro.

Para aprender como isto deve funcionar repita o procedimento anterior, usando ainda apenas o tudel. Desta vez, quando for tocar, mantenha a ponta da língua levemente encostada na extremidade da palheta (um pouco por baixo), de maneira que haja a obstrução da passagem de ar. Mantenha a pressão do ar, mas sua língua vai funcionar como uma válvula, impedindo que este passe pela boquilha. Continue soprando (mantendo a pressão constante) e conte mentalmente: 1 – 2 – 3 – 4! Sem parar de soprar, abaixe a língua! Desta maneira o ar vai passar. Continue contando: 1 – 2 – 3 – 4! Vá alternando o movimento da língua para cima e para baixo!

Quando você estiver tocando de fato, sua língua não ficará em contato o tempo todo com a palheta. Pelo contrário, você tocará a ponta da palheta levemente apenas no início de cada nota. O exercício serve para desenvolver a leveza ao articular as notas.

Segunda parte

UM POUCO DE TEORIA MUSICAL

Quando se aprende tocar um instrumento, uma das coisas que mais assusta é a notação musical, que a maioria das pessoas pensa ser algo muito complicado. Isto não é verdade. Ler música é muito fácil. O conjunto de símbolos e regras para representar os sons musicais é bastante simples. Existem diversos livros que tratam do assunto detalhadamente. Aqui neste espaço serão apresentados pouco a pouco os elementos da escrita musical, na medida em que forem necessários ao desenvolvimento no instrumento.

≡	Pentagrama ou Pauta – é o conjunto de 5 linhas e 4 espaços entre elas onde são escritas as notas. Tanto as linhas quanto os espaços são numerados de baixo para cima.
o	Semibreve – Representamos a duração dos sons através do formato das notas. Na notação moderna é considerada a figura de maior duração. Podemos descrevê-la como uma nota branca sem haste. A semibreve não tem um valor fixo. Sua duração dependerá da fórmula de compasso utilizada
▬	Pausa de semibreve – Tem a mesma duração da semibreve, representando, porém, um silêncio.
C ou 4/4	Fórmulas de compasso quaternário – Este símbolo, que geralmente aparece no começo da música, significa que a música é agrupada de 4 em 4 tempos e que a semibreve vai valer 4 tempos.
|	Barra de compasso – Usamos uma barra vertical para separar os compassos, permitindo uma melhor organização visual.
||	Barra dupla – Usada para destacar uma seção ou trecho de uma música. (Você não precisa se preocupar com ela por enquanto. Mais à frente teremos exemplos de sua utilização.)
‖	Barra final – marca o final de uma música.

O procedimento para a articulação apresentado há pouco pode ser representado assim:

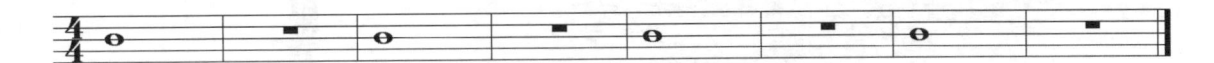

Note que ainda não falamos em nomes de notas. A primeira coisa que aprendemos em música é que existem sete notas musicais: DÓ, RÉ, MI, FÁ, SOL, LÁ e SI. Veremos agora como representá-las na escrita musical.

𝄞	Clave de Sol – Embora seu desenho ocupe toda a pauta, assumimos que a clave de Sol se localiza na segunda linha, o que significa dizer que toda nota que estiver escrita sobre esta linha se chamará SOL. A partir daí temos a representação das outras notas de acordo com sua posição na pauta. Existem outros tipos de clave, mas toda música para saxofone utiliza apenas a clave de Sol.

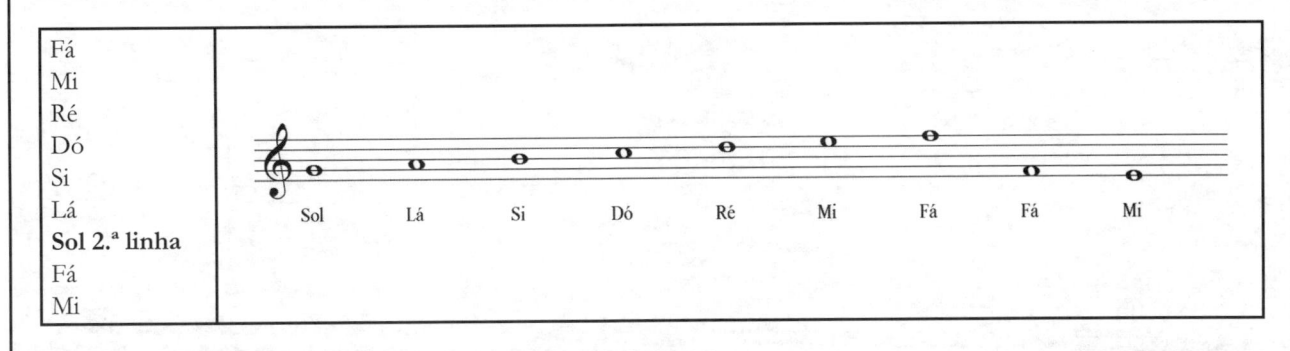

Fá
Mi
Ré
Dó
Si
Lá
Sol 2.ª linha
Fá
Mi

Sol Lá Si Dó Ré Mi Fá Fá Mi

TOCANDO COM O INSTRUMENTO COMPLETO

Está chegando a hora de emitir as primeiras notas com o instrumento completo. O primeiro passo é montar o saxofone. Encaixe o tudel no corpo do instrumento alinhando a marca inferior do tudel com o pino que aciona o mecanismo de oitava (Figura 15). Pequenos ajustes laterais são admitidos, visando uma posição mais confortável para tocar, mas com cuidado para não prejudicar o correto funcionamento do mecanismo da chave de oitava. Você deverá usar uma correia para pendurar o instrumento no pescoço (Figura 16), que deve ser presa na argola que existe na parte posterior do instrumento. A correia é regulável. Cuidado ao ajustá-la! Se ficar muito curta, além do desconforto você prejudicará a manutenção da coluna de ar. Por outro lado, se ficar muito longa, sobrecarregará o polegar da mão direita, que suportará indevidamente o peso do instrumento (Figuras 17, 18 e19).

Figura 15 - Alinhamento do tudel

Figura 16 - Correia

Figura 17 - Correia alta

Figura 18 - Correia baixa

Figura 19 - Correia na altura adequada

Para representar os dedilhados utilizados para a obtenção de cada nota usaremos um diagrama representando as chaves do saxofone e os dedos que devem ser utilizados para acioná-las (Figura 20).

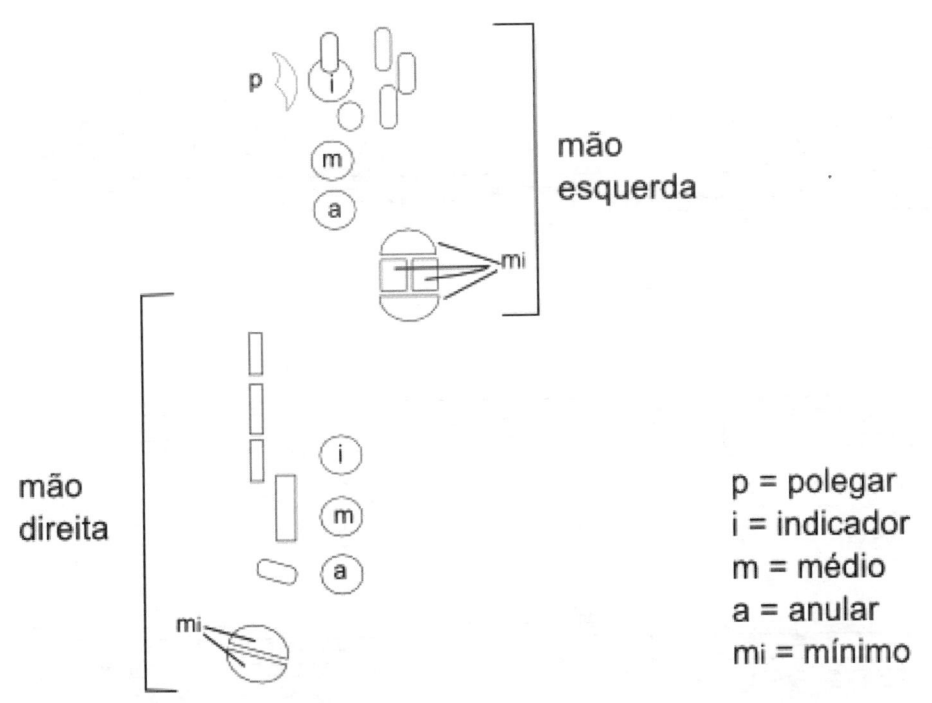

Figura 20 - Descrição das chaves do saxofone

p = polegar
i = indicador
m = médio
a = anular
mi = mínimo

Iniciaremos com as notas cujos dedilhados usam somente a mão esquerda, por serem de emissão mais fácil.

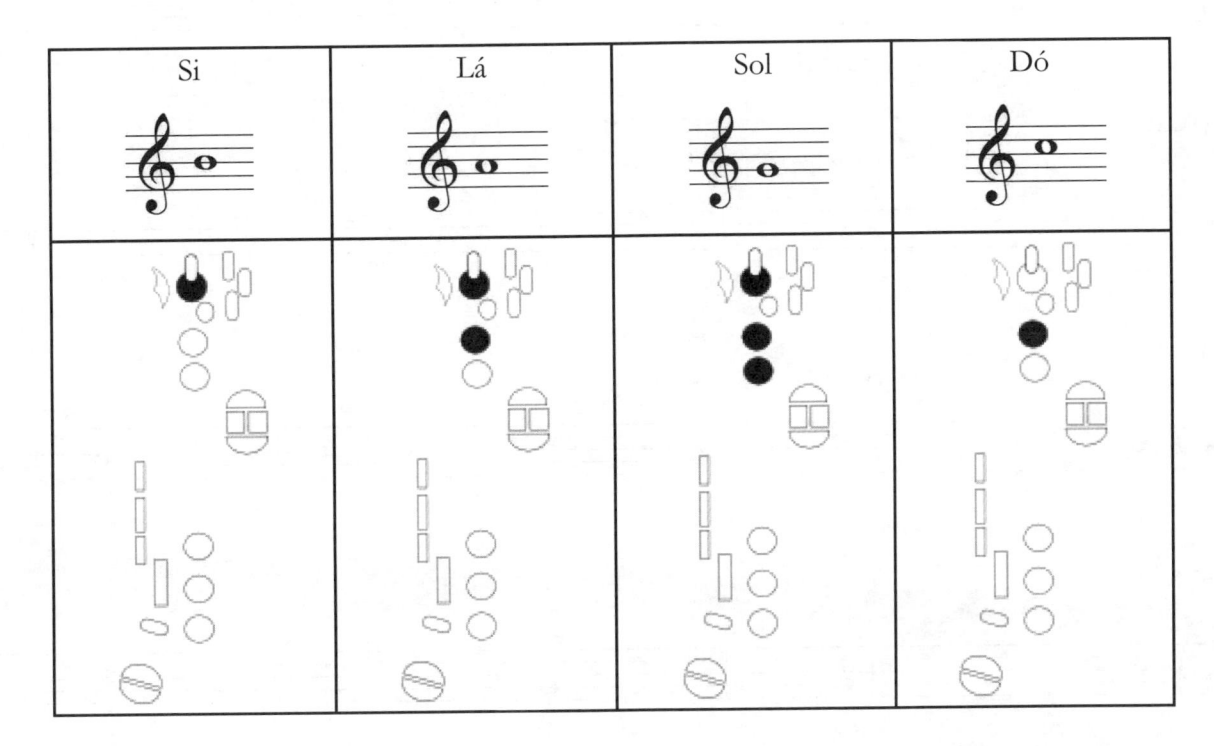

Si	Lá	Sol	Dó

A faixa 2 do CD traz a gravação da nota Si (em um saxofone alto) para a afinação do instrumento. Ouça o áudio e toque. Se sentir que a sua nota está baixa, feche o instrumento empurrando a boquilha contra a cortiça do tudel. Se sentir que está alta, abra o instrumento, fazendo o movimento contrário.

LIÇÕES

Lição 01

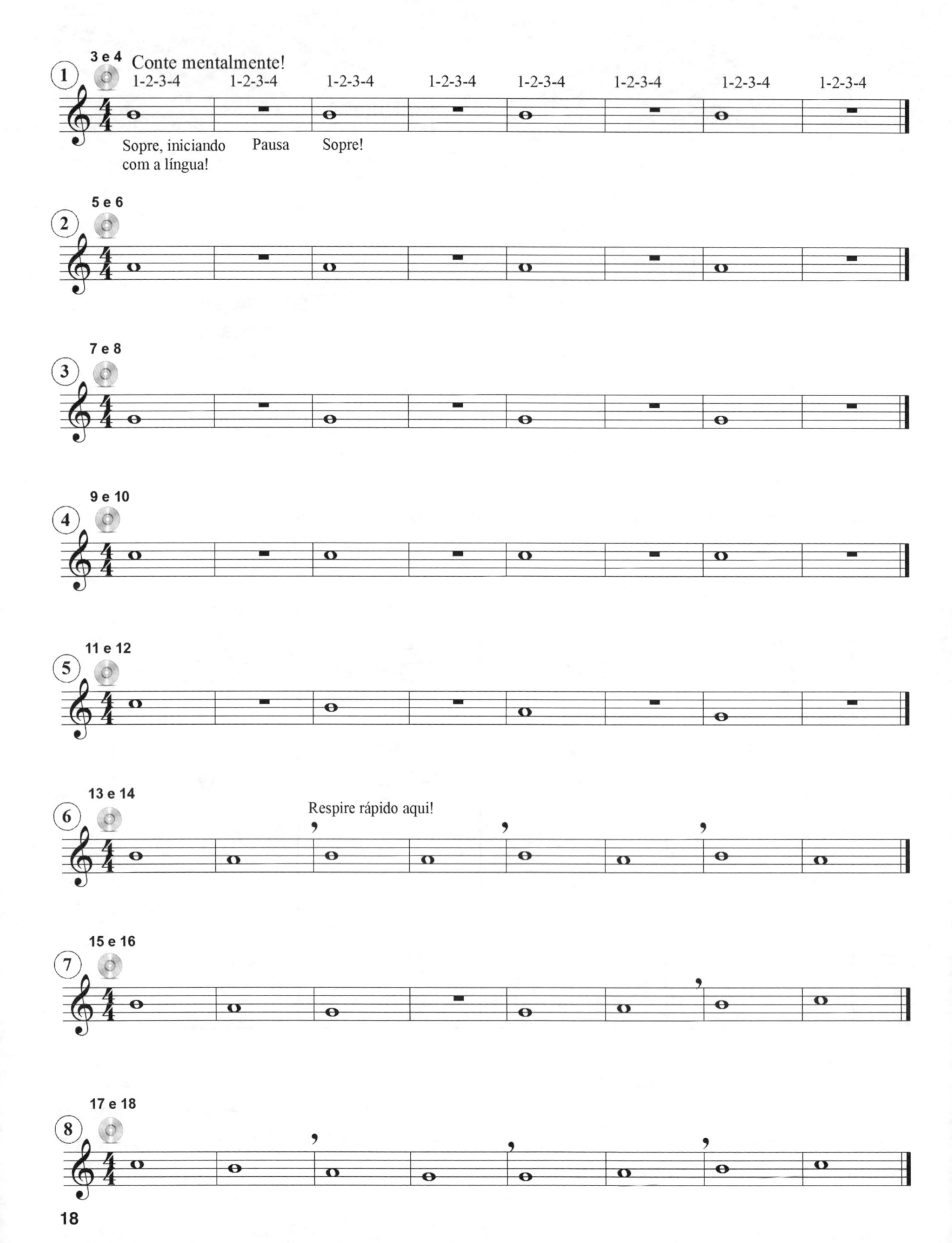

1 — 3 e 4 — Conte mentalmente! Sopre, iniciando com a língua! Pausa. Sopre!

2 — 5 e 6

3 — 7 e 8

4 — 9 e 10

5 — 11 e 12

6 — 13 e 14 — Respire rápido aqui!

7 — 15 e 16

8 — 17 e 18

Lição 02

UM POUCO MAIS DE TEORIA

♩ **Mínima** - É uma figura formada por uma cabeça branca com uma haste. Vale a metade da semibreve. Em um compasso 4/4 vale 2 tempos.

■ **Pausa de mínima** - Tem a mesma duração da mínima em silêncio.

Novas notas

Fá	Mi

Não pare o ar! Separe as notas com a língua!

Lição 03

UM POUCO MAIS DE TEORIA

♩ Semínima - Tem o valor de ¼ da semibreve, ou de metade da mínima. Em um compasso 4/4 vale 1 tempo. Visualmente, a diferença para uma mínima é que sua cabeça é negra.	𝄽 Pausa da semínima – Tem a mesma duração da semínima em silêncio.

Novas notas

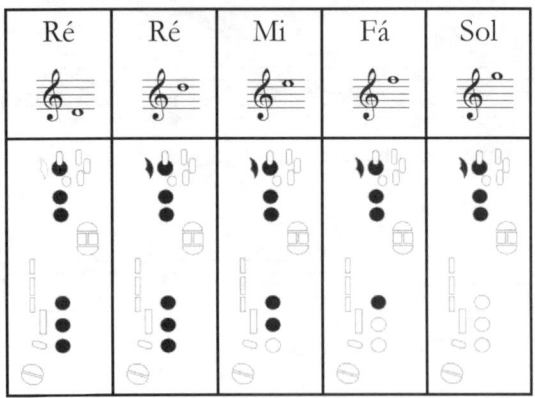

Ré	Ré	Mi	Fá	Sol

Note que temos duas notas Ré, uma grafada logo abaixo do pentagrama e outra na 4.ª linha. Dizemos que as duas notas estão separadas por um intervalo de oitava. O dedilhado para ambas é praticamente o mesmo. O que muda é o acionamento da chave de oitava (com o polegar da mão esquerda). O mesmo vale para as notas Mi, Fá e Sol.

Respire aqui, se necessário!

Fui no Tororó

Folclore brasileiro

Lição 04

UM POUCO MAIS DE TEORIA

Linhas suplementares – são pequenas linhas acima ou abaixo da pauta que aparecem momentaneamente para representar sons mais agudos ou mais graves. Ex:

Sol Lá Si Dó Ré Dó Si Lá

Ponto de aumento – quando colocado ao lado de uma nota acrescenta-lhe a metade de seu valor. Por exemplo, se uma mínima vale 2 tempos em um compasso $\frac{4}{4}$, com um ponto ela passará a valer 3 tempos (2+1).

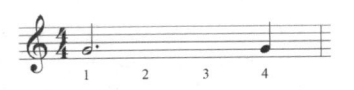

Nova nota

Lá

1

2

3 1 2 3 4

4 37 e 38

Ciranda, Cirandinha

Folclore brasileiro

5 39 e 40

Brilha, Brilha, Estrelinha!

Melodia tradicional francesa

6 Dueto - Cada saxofone toca uma das pautas.

Lição 05

UM POUCO MAIS DE TEORIA

Alterações - são sinais colocados ao lado das notas que alteram sua altura original. O bemol (♭) abaixa a nota em um semitom. O sustenido (♯) eleva a altura em um semitom. Não se aflija se não entender o que é semitom por enquanto! As alterações podem aparecer no começo da música, na linha ou espaço correspondente à nota a ser alterada. Quando aparece assim ela afeta qualquer nota com aquele nome, não importando em que oitava esteja. No exemplo vemos um bemol na terceira linha, ou seja na nota Si. Isto significa que toda nota Si que aparecer na música será afetada pela alteração. Bemóis e sustenidos podem aparecer também no decorrer da música, ao lado de uma determinada nota. Neste caso só alterarão notas da mesma altura e só terão efeito dentro do próprio compasso. O bequadro (♮) anula o efeito das outras alterações. Além de bemóis, sustenidos e bequadros, há ainda outras alterações, mas não precisaremos nos preocupar com elas por enquanto.

Novas notas: Si, Si♭, Si♭

Lição 06

Novas notas: Fá#, Fá#

1 Observe a armadura!

2 47 e 48

3

4

5 49 e 50

Jingle Bells
James Lord Pierpont (1822-1893)

6

Lição 07

UM POUCO MAIS DE TEORIA		
Fórmula de compasso ternário 3/4 - Indica que os tempos são agrupados de 3 em 3. Semínima e mínima continuam valendo 1 e 2 tempos respectivamente. Neste tipo de compasso não será utilizada a semibreve	Ligadura - prolonga o som de uma nota até a seguinte. Ex.:	*Ritornello* – identifica trechos da música que serão repetidos. Ex.:

Escalas e arpejos

5. Dó maior - Escala / Arpejo
6. Fá maior
7. Sol maior

A prática sistemática de escalas e arpejos é fundamental para adquirir uma técnica consistente no instrumento. Memorize e repita diariamente os exercícios 5, 6 e 7.

Lição 08

UM POUCO MAIS DE TEORIA

$\frac{2}{4}$ - Fórmula de compasso binário. Quando aparecer este símbolo, o compasso terá apenas dois tempos. A semínima valerá 1 tempo e a mínima 2. Neste compasso não aparecerão nem semibreves nem mínimas pontuadas.

♪ - Colcheia. Vale a metade de uma semínima. Em um compasso $\frac{2}{4}$, $\frac{3}{4}$ ou $\frac{4}{4}$ equivale à metade de um tempo. O diferencial visual é a bandeirinha na haste. Quando aparecem duas colcheias ou mais colcheias seguidas, pode-se substituir a bandeira por uma barra de ligação entre as notas (♫). Assim como as figuras anteriormente apresentadas, a colcheia também tem uma pausa correspondente: ♪

Casas de 1.ª e 2.ª vez - Indicam que o trecho marcado por elas deve ser tocado na primeira ou na segunda vez.

Novas notas: Mi♭, Mi♭

O Cravo Brigou com a Rosa

Folclore brasileiro

25

Lição 09

57 e 58

Este compasso incompleto tem o nome de Anacruse.
Começa a tocar dentro da contagem, no 3º clique!

59 e 60 — 2 compassos de contagem

Marcha, Soldado! — Folclore brasileiro

61 e 62 — 2 compassos de contagem. Toque no 4º clique!

Eu Sou Pobre, Pobre — Folclore brasileiro

63 e 64

When the Saints Go Marching In — Tradicional (E.U.A.)

Lição 10

Exercícios de ritmo

(1)

(2)

(3)

(4)

Mesmo ritmo escrito de outra forma.

(5)

1 e 2 e 3 4

(6) 65 e 66 — 2 compassos de contagem. Toque depois do 3º clique!

Ah, Eu Entrei na Roda. Folclore brasileiro

Lição 11

UM POUCO MAIS DE TEORIA

Legato – significa que as notas devem ser tocadas o mais ligado possível. Em instrumentos de sopro usa-se a língua apenas na primeira nota e toca-se as demais apenas mudando-se as digitações e mantendo a coluna de ar. Pode ser representado através da própria palavra *legato* acima da pauta, mas o mais comum é a utilização de uma linha curva indicando quais notas devem ser ligadas

D.C. al fine – Esta expressão, geralmente colocada no final da música ou de uma seção, indica que você deve voltar *Da Capo* (do italiano, significa "da cabeça", ou seja, do começo) e parar quando encontrar a palavra fine (fim em italiano).

Novas notas: Dó#, Dó#

Cantate Domino
(do Oratório Judas Macabeu)
G. F. Haendel (1685-1759)

Lição 12

Revisão de escalas e arpejos

Dó maior

Fá maior

Sol maior

Si bemol maior

Ré maior

Lição 13

UM POUCO MAIS DE TEORIA

♪ Semicolcheia – Esta figura tem a duração que equivale à metade da colcheia. Em um compasso $\frac{2}{4}$, $\frac{3}{4}$ ou $\frac{4}{4}$, tem o valor de ¼ de tempo. Em uma sequência de duas ou mais semicolcheias pode ser utilizada uma barra de ligação entre as notas (♬).

Novas notas: Sol♯ Lá♭ | Sol♯ Lá♭

3) 69 e 70 — 2 compassos de contagem. Toque no 6º clique!

Greensleeves — Melodia inglesa do Século XVI

Lição 14

Exercícios rítmicos com semicolcheias

Lição 15

1

2 71 e 72 — 2 compassos de contagem

3

A digitação do Ré ♯ é a mesma do Mi ♭.

4 73, 74 e 75 — 2 compassos de contagem

Pirulito que Bate, Bate

Folclore brasileiro

Lição 16

Exercícios para desenvolver a agilidade da língua
(Articule as notas com leveza e sem interromper a coluna de ar!)

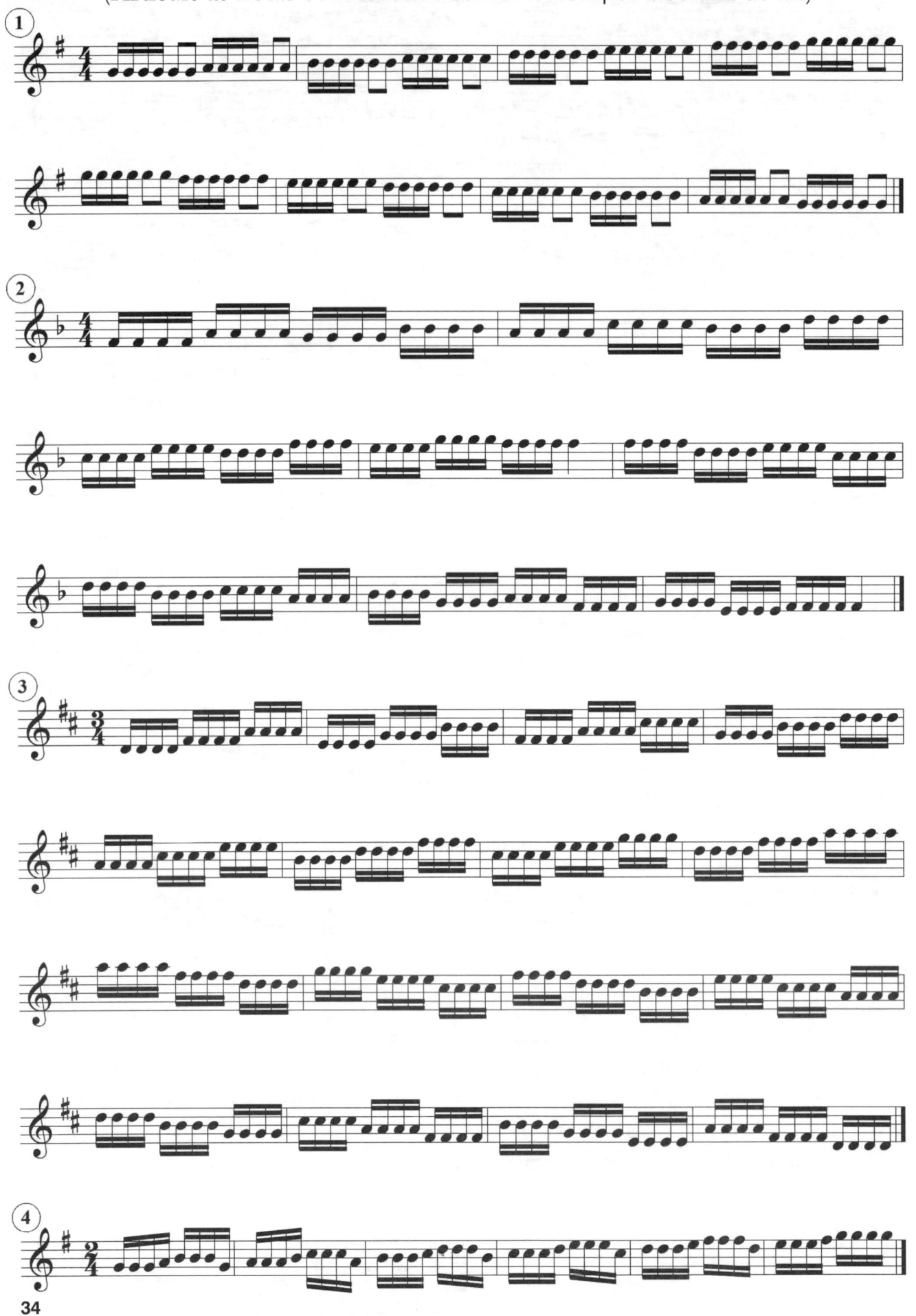

5

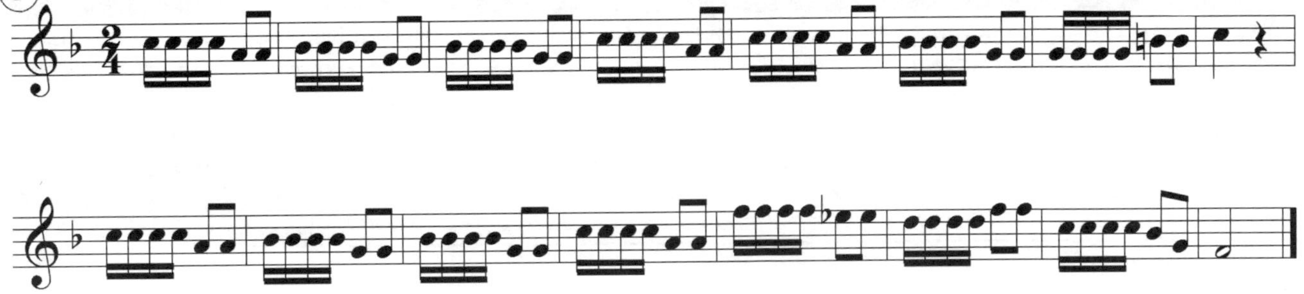

6

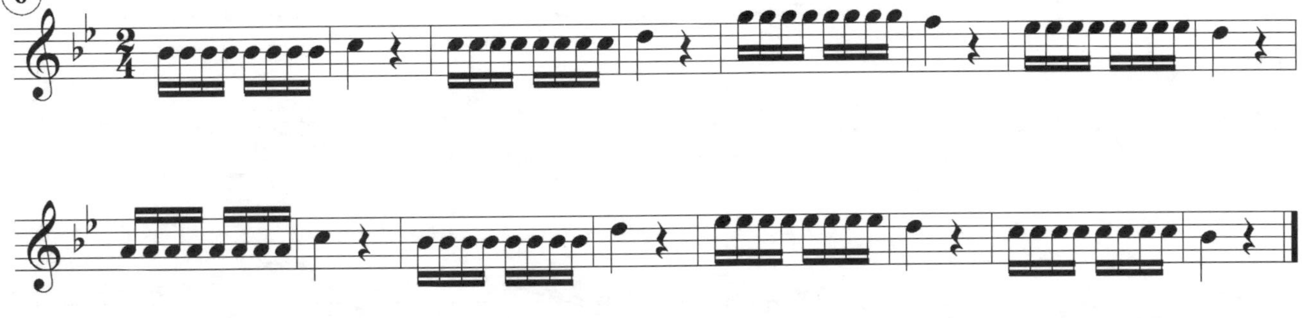

7

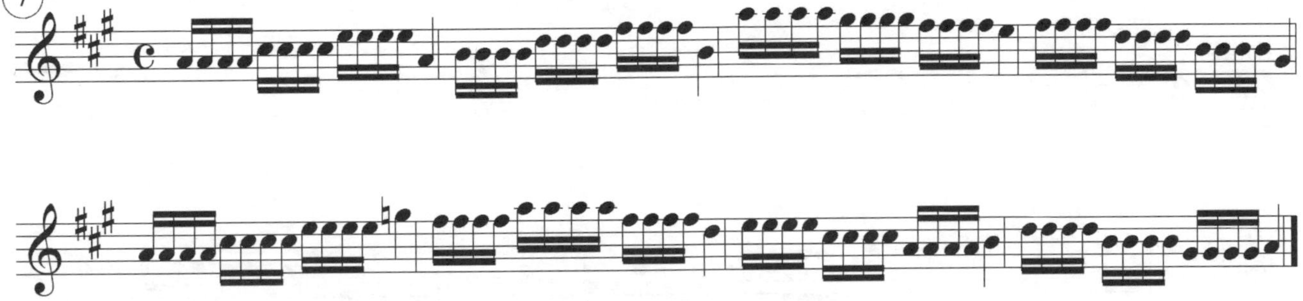

8

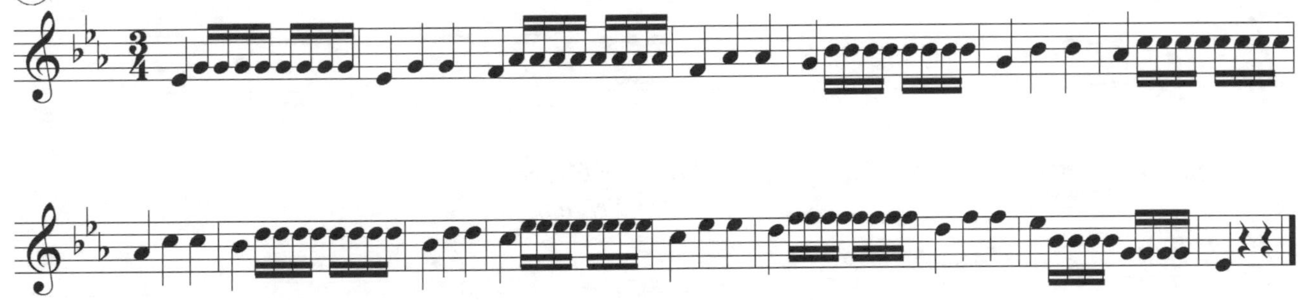

9

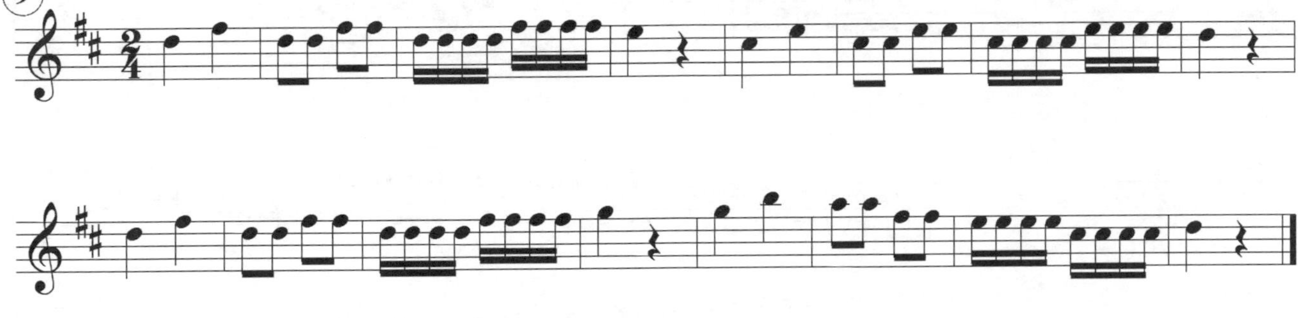

Lição 17

UM POUCO MAIS DE TEORIA

Quiálteras – Algumas vezes pode aparecer um número de notas maior ou menor do que a divisão habitual. Por exemplo, normalmente uma semínima (♩) tem o valor equivalente a duas colcheias (♫). Um tipo de quiáltera muito comum "encaixa" 3 colcheias na duração normal de duas colcheias. Isto é representado com a utilização do número "3" acima das notas. Pode haver diversos tipos de quiálteras, mas vamos nos ater no momento às tercinas, como são conhecidas as quiálteras de 3 notas. Pode parecer um pouco complicado no começo, mas você verá que sua execução é bastante simples e intuitiva.

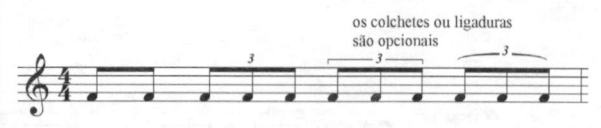

Amazing Grace
(New Britain)

Hino Tradicional (E.U.A.)

2 compassos de contagem.
Toque no 6º clique!

Lição 18

UM POUCO MAIS DE TEORIA

Compasso $^6_8$ - Quando aparece este símbolo as figuras rítmicas assumem novos valores. Inicialmente, podemos pensar o compasso com 6 tempos, tendo a colcheia (♪) como unidade. Entretanto, principalmente em tempos mais rápidos, as colcheias são agrupadas de 3 em 3, dando um sentido de um compasso de dois tempos. Você deve se acostumar a contar tanto "em 6" quanto "em 2".

Lição 19

1

2

3

4 82 e 83 — 1 compasso de contagem. Toque no 6º clique!

A Cantiga de Roda

Folclore brasileiro

5 84 e 85 — 1 compasso de contagem. Toque no 6º clique!

Se a Perpétua Cheirasse

Folclore brasileiro

Lição 20

UM POUCO MAIS DE TEORIA

$\frac{2}{2}$, ¢ - Estas fórmulas identificam um compasso de dois tempos (binário), sendo que a mínima (♩) passa a ser a unidade de tempo, ou seja, aquela figura que vale um tempo. As demais figuras têm seu valor determinado a partir daí. A semibreve (o) passa a valer 2 tempos, a semínima (♩) a metade de um tempo e a colcheia (♪) ¼ de um tempo.

86 e 87 — 2 compassos de contagem

Lição 21

UM POUCO MAIS DE TEORIA

Acento – sinal colocado acima (ou abaixo) de uma nota indicando que esta deve ter um destaque em relação às demais. Deve-se ter cuidado para não bater muito a língua. A acentuação deve ser executada principalmente com o auxílio da coluna de ar.

Stacatto – um ponto colocado acima (ou abaixo) de uma nota indica que esta deve ser tocada mais curta. Em tese você deve substituir metade do valor da figura pela pausa correspondente. Tome cuidado para que a nota não fique exageradamente "seca" e percussiva.

5. 88 e 89 — 2 compassos de contagem. Cuidado com a Anacruse!

Oh, Susannah!

Stephen Foster (1826-1864)

Lição 22

Lição 23

Semicolcheias em compasso $\frac{6}{8}$

5

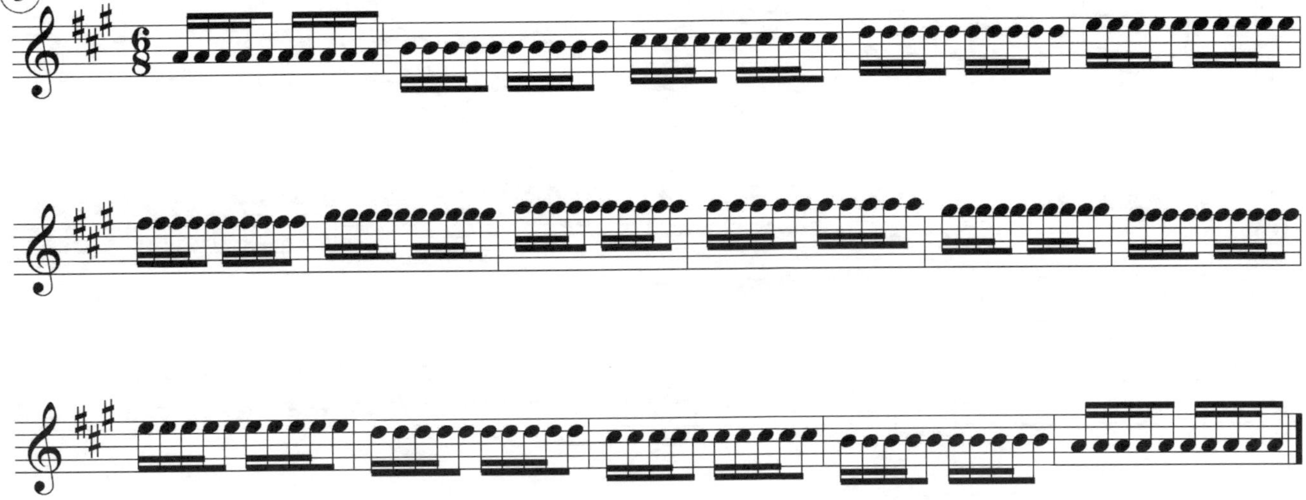

6

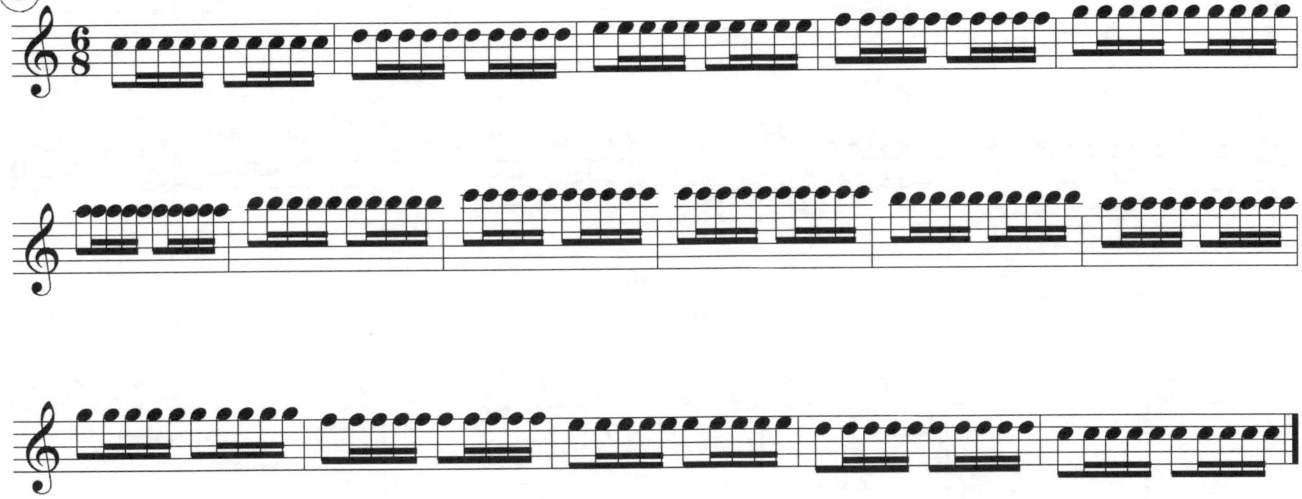

7

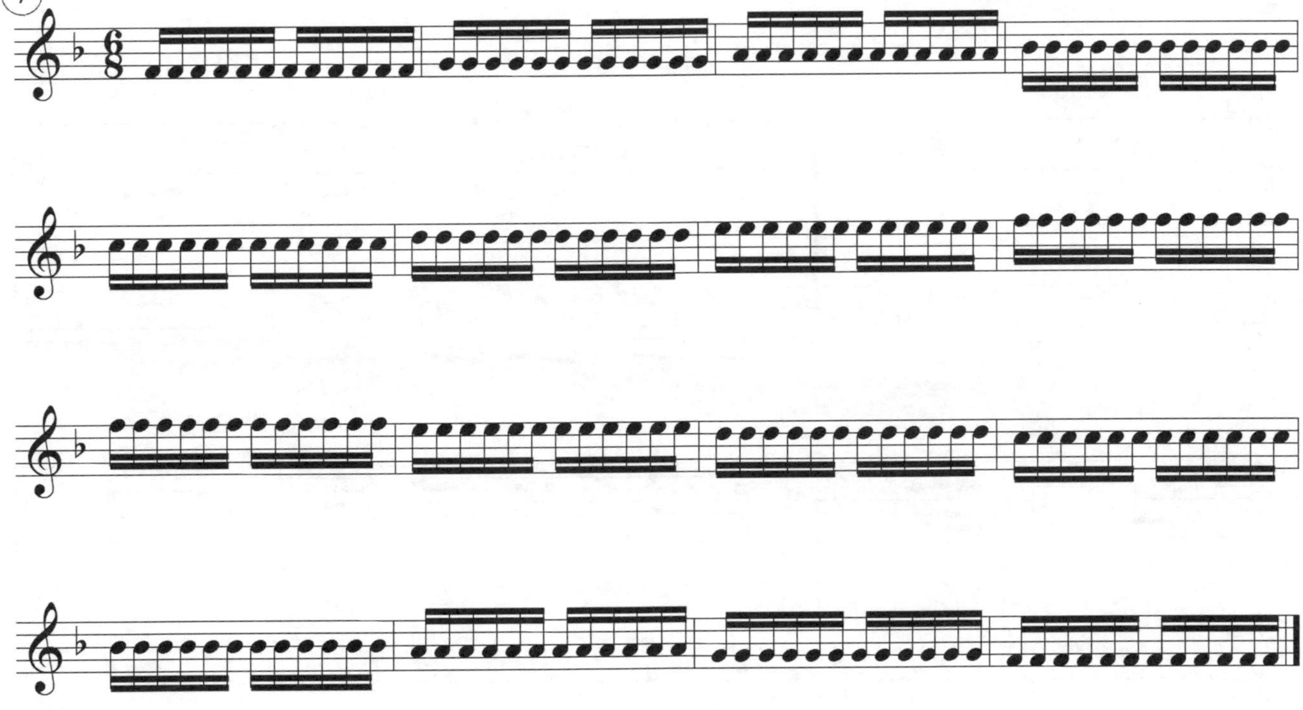

Andante
da Sonata K 331

W. A. Mozart (1756-1791)

Lição 24

Novas notas

Lição 25

Novas notas

Lição 26

UM POUCO MAIS DE TEORIA

Enarmonia – Dá-se esse nome quando representamos o mesmo som em duas (às vezes até mais) vezes diferentes. Na lição 13 vimos que Sol♯ e Lá♭ possuem a mesma digitação. Se olharmos para o teclado do piano notaremos que entre as notas Dó e Ré (brancas) há uma tecla preta, que tanto pode ser chamada de Dó♯ quanto de Ré♭. Isto é válido para qualquer uma das outras notas. Desta forma, Si♭ e Lá♯ têm a mesma digitação, Mi♭ e Ré♯ também, e assim por diante.

Repetições – Além do *ritornello*, das casas de 1.ª e 2.ª vezes, do *D.C al fine*, poderão aparecer outros sinais que indicam retornos e saltos na execução da música. Muitas vezes no final de uma seção de uma peça aparece a expressão *D.S al fine* (em algumas edições "do 𝄋 ao fine") indicando que você deve voltar ao ponto marcado com o símbolo 𝄋, chamado *segno* (sinal, em italiano) e tocar até encontrar a palavra *fine*. No *D.S al Coda* (do 𝄋 ao ⊕) você retorna ao *segno* e quando encontrar o símbolo ⊕ fará um novo salto para um trecho também marcado pelo mesmo símbolo, geralmente localizado no final da peça. Este trecho recebe o nome de *Coda* (cauda, em italiano) justamente por se localizar no término da música. No caso de múltiplos saltos podem ser usados outros símbolos como estrelas, asteriscos e outros, mas a lógica é a mesma. Na terceira parte deste trabalho você encontrará vários exemplos de repetições.

96 e 97 — 2 compassos de contagem — Atenção com a armadura!

98 e 99

D.S. al Fine

REVISÃO DAS TONALIDADES APRESENTADAS E EXERCÍCIOS DE MECANISMO

Dó maior

Fá maior

Sol maior

Si bemol maior

Ré maior

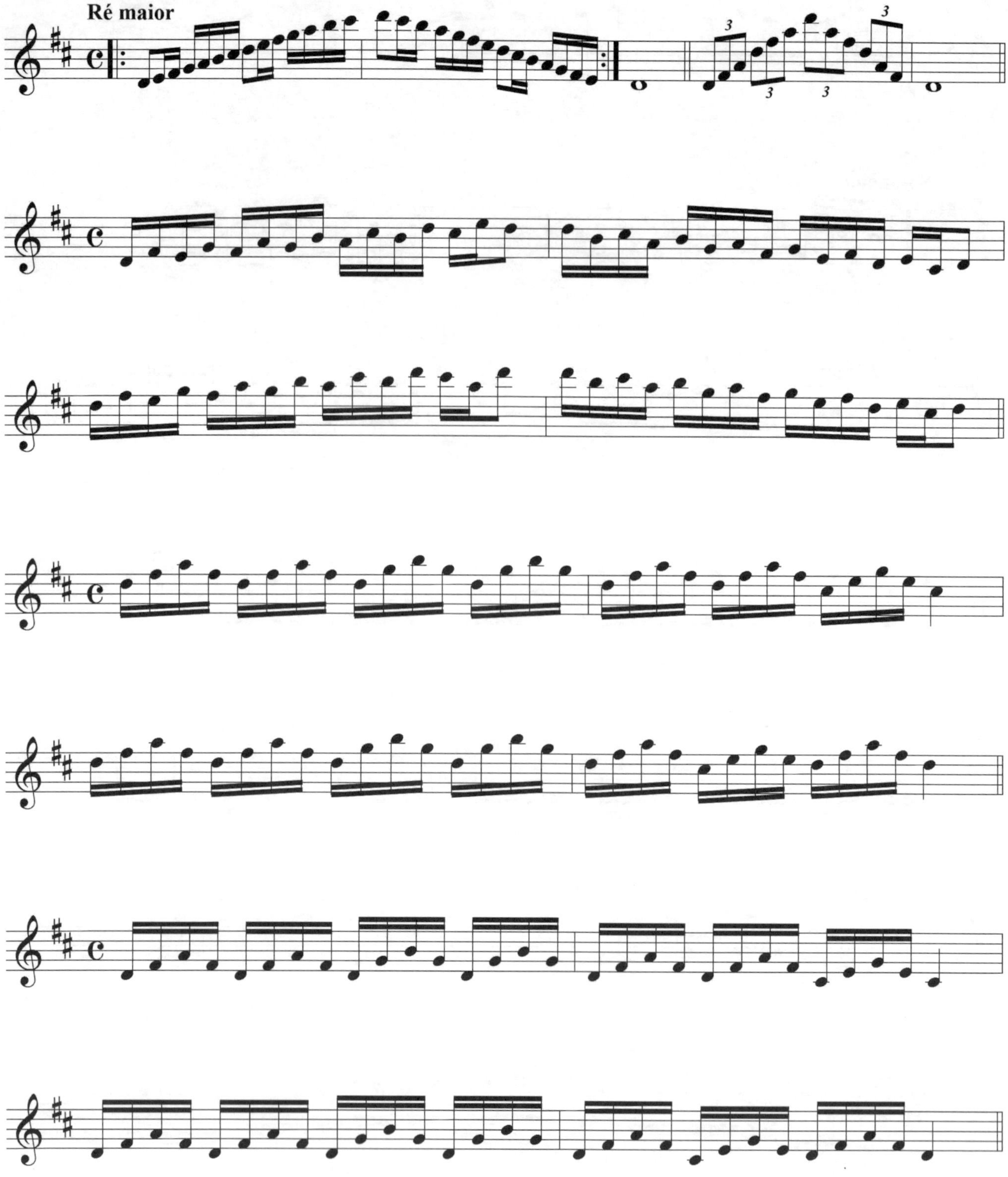

Mi bemol maior

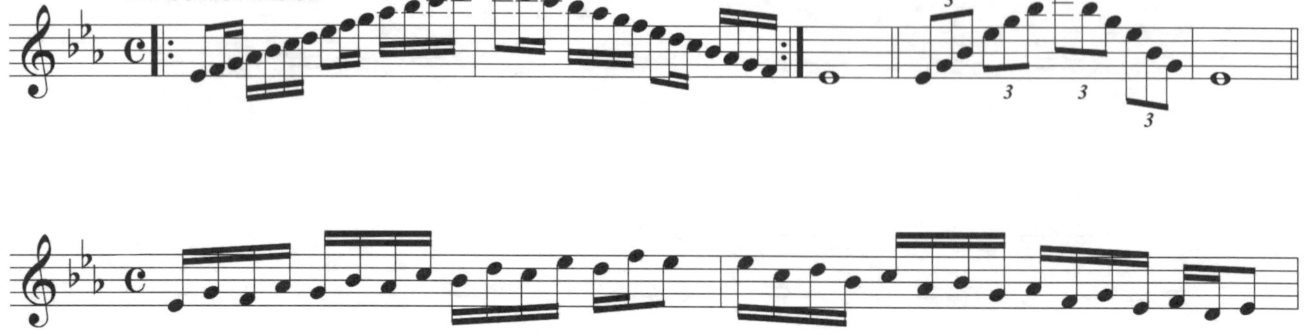

Lá maior

Mi maior

Lá bemol maior

Terceira parte

O Cisne
do Carnaval dos Animais

Camille Saint-Saëns
(1835 - 1921)

Andantino Grazioso

Siciliano

da Sonata para flauta BWV 1031

Johann Sebastian Bach (1685-1750)

Siciliano (em 6)

Lua Branca

Canção

Chiquinha Gonzaga (1847-1935)

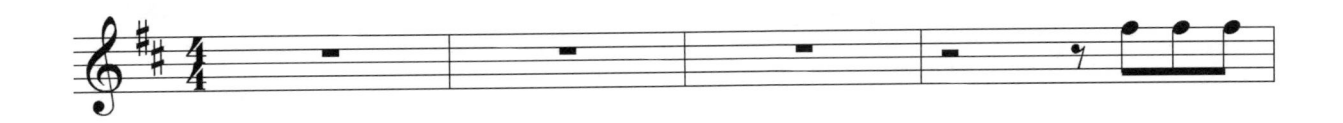

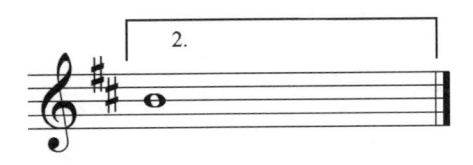

Flor Amorosa

Joaquim Antonio Callado (1848-1880)

Brejeiro

Tango brasileiro

Ernesto Nazareth (1863-1934)

D.C. al Fine
(com repetição)

Gaúcho
O Corta Jaca

Chiquinha Gonzaga (1847-1935)

Três Apitos

Noel Rosa (1910-1937)

Quadro com as digitações no saxofone

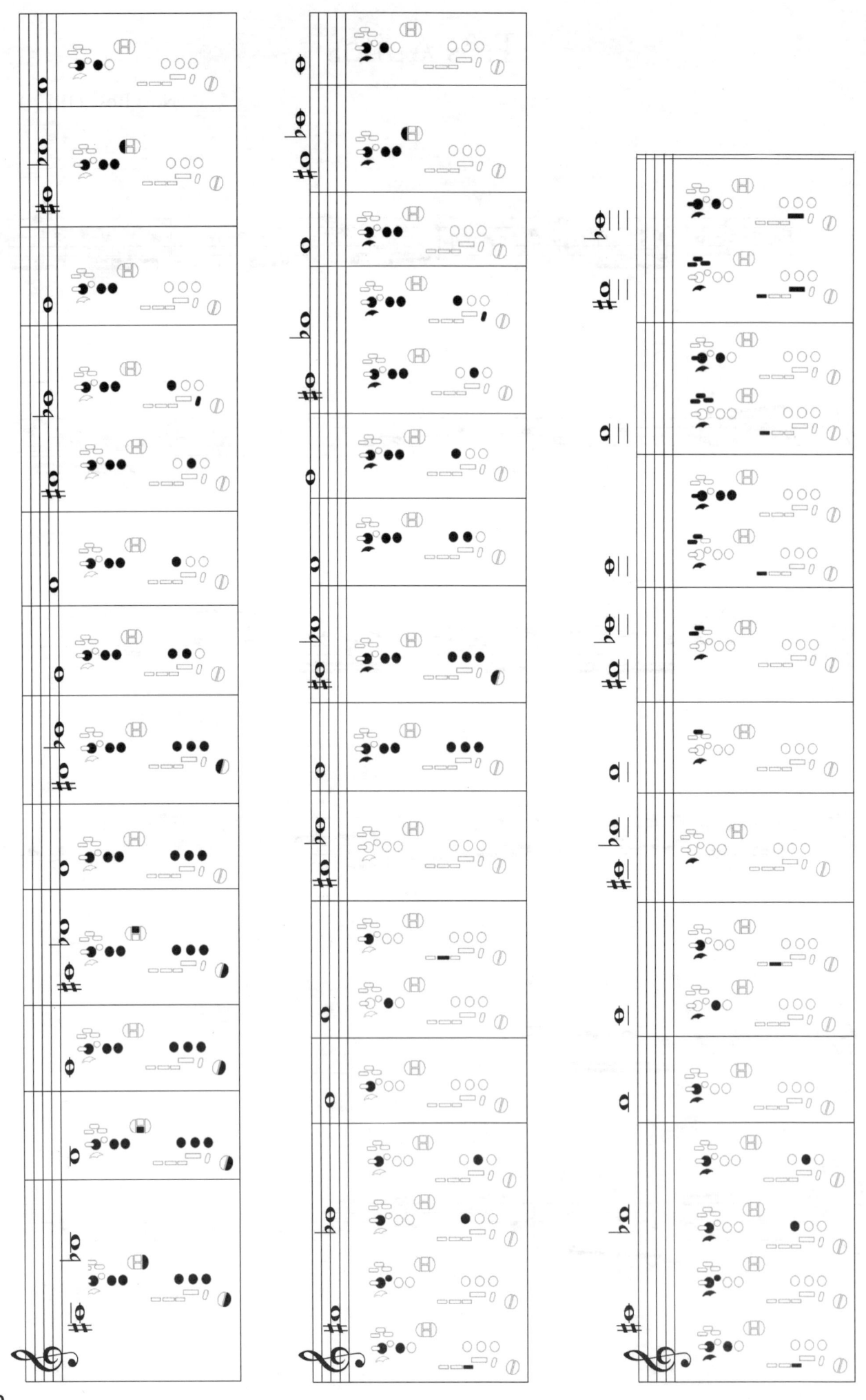